Rainer Schneck

UNTERWEGS IM ROMANTISCHEN DONAU- UND ALTMÜHLTAL

Discovering the romantic
Danube and Altmühl valleys

Monika + Fritz

Foto: Gabi Röhrl

RAINER SCHNECK wurde am 4. Februar 1971 in Kelheim geboren und ist nach eigenen Angaben »mit Leib und Seele Kelheimer«.

Von Beruf ist er Schreinermeister mit einer Ausbildung zum heilpädagogischen Förderlehrer. Seit 2007 ist er zusätzlich als Fotograf tätig.

Mit seinem ersten Fotoapparat, einer kleinen Sofortbildkamera, machte Rainer Schneck bereits im Alter von acht Jahren seine ersten fotografischen Schritte. 2005 entdeckte er seine Begeisterung für Luftbilder, die er mit Hilfe eines Motorseglers aus einer Höhe von ca. 400 m aufnimmt.

Absolutes Lieblingsmotiv von Rainer Schneck ist die Befreiungshalle auf dem Michelsberg über Kelheim. Diese hat er auf unzähligen Bildern in den unterschiedlichsten Stimmungen fotografisch festgehalten. Zu seiner ganz großen Leidenschaft zählen aber auch Naturaufnahmen, die für ihn Herausforderung und Faszination gleichermaßen bedeuten. Mit großer Sensibilität und Intuition für Farben und Stimmungen lässt er den Betrachter an Momentaufnahmen der Natur teilhaben, ohne deren empfindliches Gleichgewicht zu stören.

»Fotografieren bedeutet den Kopf, das Auge und das Herz auf dieselbe Visierlinie zu bringen. Es ist eine Art zu leben.«

(Henri Cartier-Bresson, französischer Fotograf, 1908–2004)

RAINER SCHNECK was born in Kelheim on February 4th, 1971. According to his own statement he is a 'Kelheimer' with heart and soul. By profession he is a master joiner with a vocational training as a therapeutic pedagogic remedial teacher. Since 2007 he has also been active as a photographer.

As early as at the age of eight years he took his first photographic steps with a small instant camera. In 2005 he got into aerial photography. Sitting in a motor glider he takes photos from a height of 400 m.

Rainer Schneck's favourite motif is definitely Liberation Hall above Kelheim. You can find this monument in many of his pictures in all possible lighting conditions and moods.

In addition, he is passionate about nature shots, to him a challenge and fascination rolled in one.

With great sensitivity and intuition regarding colours and moods, he allows the viewer to share special moments in nature without doing harm to its damageable balance.

„Taking photos means to get the head, the eye and the heart to the same sight line. It is a way of living."

(Henri Cartier-Bresson, French photographer, 1908–2004)

Ich liebe es, draußen zu sein in unserer einzigartigen Natur. Ich lebe dort, wo andere Urlaub machen.

Mit meiner Canon EOS 1DX Mark I und Mark II, meiner Olympus E-M 1 Mark I, verschiedenen Filtern, einigen Objektiven und jeder Menge anderem Zubehör schleppe ich meistens so knapp 20 kg Fotoausrüstung mit mir herum, in der Hoffnung, für jeden Moment gerüstet zu sein.

Zu einigen der schönsten »Fleckerl« im Donau-und Altmühltal war ich über mehrere Jahre hin unterwegs und habe versucht, den richtigen Augenblick einzufangen. Nicht immer war das Wetter so, wie ich es gehofft hatte, aber das macht für mich die Landschafts- und Tierfotografie so spannend und wertvoll. Du bist gezwungen, dich den Gegebenheiten anzupassen, dich darauf einzulassen und dementsprechend zu handeln.

Die Luftbildfotografie gibt mir die Möglichkeit, noch mehr von dieser faszinierenden Landschaft in ein Bild zu bannen.

> *»Fotografen arbeiten mit Dingen, die fortschreitend schwinden und wenn sie verschwunden sind, gibt es keine Erfindung auf Erden, die sie zurückbringen kann.«*
>
> *(Henri Cartier-Bresson)*

Ich wünsche Ihnen viel Freude und schöne Augenblicke beim Durchblättern.

I love being outdoors in our unique nature. I live where others spend their holidays.

When I have with me my Canon EOS 1DX Mark I and Mark II, my Olympus E-M 1 Mark I, several filters, some objective lenses and a lot of other accessories I often carry along almost 20 kg of photographic equipment –, In the hope of having anything I may need .

There are some places in the Danube and Altmühl valleys I have been to over several years, always trying to catch the right moments. The weather wasn't always as I had hoped for. On the other hand that makes landscape and animal shots thrilling, because you are forced to adapt to the situation, try to make the best of it and act accordingly.

Aerial photography offers me the chance of showing more of this fascinating scenery.

> *„Photographers work with things that disappear gradually and when they are gone, there is no invention on earth that can bring them back."*
>
> *(Henri Cartier-Bresson)*

I wish you a lot of pleasure with this book and a good time on leafing through.

Unterwegs im romantischen Donau- und Altmühltal

6

45

16

20

96

25

50

118

123

116

102

110

Diese kleine BILDERBUCH-Reise rund um Kelheim führt uns sowohl zu abgelegenen, idyllischen Ortschaften als auch zu pulsierenden Städten, stets eingebettet in die abwechslungsreichen Landschaften des Donau- und Altmühltals.

Beginnen wir in **DEISING** an der Schleuse 11 des alten Ludwig-Donau-Main-Kanals. Den Traum, eine Verbindung zwischen Nebenflüssen der Donau und des Main zu schaffen, also einen durchgehenden Wassertransport vom Schwarzen Meer bis zum Atlantik zu ermöglichen, hatte schon Karl der Große. Es war aber König Ludwig I. von Bayern, der diese Idee dann mehr als tausend Jahre später verwirklichte. Beim Kanal von Kelheim nach Bamberg waren auf einer Länge von 172 km hundert Schleusen nötig.

This little PICTUREBOOK takes us to remote idyllic places as well as to busy towns, always embedded in the varied landscapes of the Danube and Altmühl valleys.

Let's start at Deising at lock 11 of the old Ludwig-Danube-Main-Canal. Charlemagne was the first to plan a connection between tributory rivers of the Danube and the Main, thus providing a through waterway from the Black Sea to the Atlantic. But it was King Ludwig I. of Bavaria that realized this idea more than one thousand years later. At a length of 172 km from Kelheim to Bamberg one hundred locks were needed.

MORGENNEBEL am Altwasser
Morning mist at a backwater

Das jetzige SCHLOSS EGGERSBERG mit den auffallend hohen getreppten Giebeln und den Zwiebeltürmchen entstand Anfang des 17. Jahrhunderts in der Blütezeit der Spätrenaissance. Die etwas unterhalb liegende Ruine aus dem 13. Jahrhundert gehörte ursprünglich dem bayerischen Herrscherhaus Wittelsbach. Auch von hier aus kann das Auge hinab zu Schleuse 10 und weit übers Altmühltal schweifen.

The present-day castle of Eggersberg with the conspicuously high-stepped gables and the little onion-shaped towers was built at the beginning of the 17th century, the heyday of the late Renaissance period. The ruin a bit further below, dating from the 13th century, once belonged to the Bavarian rulers, i.e. the House of Wittelsbach. From both places the eye can wander down to lock 10 and far across the Altmühl valley.

Noch bevor man die Stadt Riedenburg erreicht, fällt der Blick auf die einsame, kleine Kapelle ST. AGATHA. Bei schönem Sommerwetter machen die Besucher des nahen Badesees gern einen Abstecher hierher.

Before you reach the town of Riedenburg, you catch sight of the small solitary chapel of St. Agatha. In the bathing season, however, many a visitor of the nearby swimming lake takes a stroll to have a look at it.

Auf der anderen Seite des Sees bietet Altmühl-BOB Rodelspaß für Groß und Klein. Der Speed-Bob ist derzeit die schnellste Sommerrodelbahn der Welt.

On the other side of the lake, Altmühl-BOB offers a lot of fun for the young and the young at heart. The SpeedBob is currently the fastest summer toboggan run in the world.

RIEDENBURG ist bekannt als Drei-Burgen-Stadt. Sehr gut erhalten und weithin sichtbar thront die Rosenburg hoch über dem Ort. Die beiden anderen – Rabenstein und Tachenstein – sind allerdings nur noch als Ruinen erhalten. Bereits zur Zeit der Minnesänger war der Name ein Begriff, denn »Der Graue von Riedenburg« hatte hier seinen Sitz.

Riedenburg calls itself the Three-castle-town. Sitting high above the place, Rosenburg Castle is well kept and visible from a long distance. Only ruins are left of the other two castles, called Rabenstein and Tachenstein. As early as at the time of the minstrels the name of the town was well known, because „The Grey one of Riedenburg" had his residence here.

Das Alte Rathaus heißt heute »Haus des Gastes«, weil Tourist-Info und Fremdenverkehrsamt hier untergebracht sind. Im historischen Trausaal finden aber immer noch standesamtliche Trauungen statt.

The Old Townhall is now called „House of the Guest" as it is meanwhile the seat of tourist info and tourist board. But the historic wedding room still serves its original purpose. It is a lovely place to get married.

Heutzutage ist Mitte Juni ein wichtiger Termin im Veranstaltungskalender. Dann kommen Besucher aus nah und fern, um das Feuerwerk anlässlich der Sommersonnenwende entweder vom Ufer, von den Höhen oder von den Schiffen aus zu bewundern.

The middle of June is an important date in the calendar of events. Visitors from far and near come and watch the display of fireworks that celebrate summer solstice. They admire the spectacle from the heights, the banks or the ships.

ALTMÜHLPERLE

WELTENBURG

KELHEIM

Besondere Anziehungskraft für Freunde edler Steine hat das Kristallmuseum. 1981 kaufte sein damaliger Besitzer die größte Bergkristallgruppe der Welt – 3 x 2 m – in Arkansas/USA und brachte sie noch im gleichen Jahr nach Riedenburg. Außerdem werden hier zahlreiche Edelsteine in ihrer ursprünglichen Form gezeigt und – in Kopien – die wertvollsten Schmuckstücke aus vieler Herren Länder.

Friends of valuable stones are attracted by the Kristallmuseum. In 1981, the then owner bought the biggest rock-crystal group – 3 by 2 m – in Arkansas/USA and had it transported to Riedenburg the same year. In addition, lots of gemstones are shown in their original shape and – in replica – also the most valuable jewellery from all over the world.

Direkt daneben steht die Fassl-Wirtschaft. Wer hat schon einmal einen guten Tropfen in einem so großen Fass getrunken?

Directly next to the museum there is the Fassl-Wirtschaft. Have you ever enjoyed a good wine while sitting in such a big wine barrel?

Wer in Riedenburg ganz nach oben will, besucht die Rosenburg, wo von März bis Oktober Flugvorführungen angeboten werden. Die »Hauptdarsteller« sind Geier, Falken usw. Nur sie schaffen es noch höher hinaus, besuchen allerdings auch manchmal die Biergärten unten im Tal, um sich Fleisch von den Tellern der Gäste zu holen.

If you want to get to the very top in Riedenburg, you must visit the Rosenburg, where they show birds of prey in action from March to October. The main actors are vultures, falcons etc. It's only these birds of prey that can get even higher up. But now and then they prefer to fly the opposite direction: down to the beergardens in the valley to steal meat from the plates of the hungry guests.

Wer gerne einmal selbst mit den Raubvögeln Kontakt haben will, kann »einen Tag als Falkner« in Aichkirchen verbringen.

Contact with the birds of prey is guaranteed at „a day as a falconer" in Aichkirchen.

»Uneinnehmbar« war sicher der erste Gedanke von mittelalterlichen Besuchern, wenn sie BURG PRUNN auf einem fast senkrecht abfallenden Fels 70 m über dem Fluss zum ersten Mal erblickten. Diese am besten erhaltene Burg des Altmühltals scheint mit dem Untergrund verwachsen zu sein. Übrigens wurde hier zwischen 1565 und 1567 eine Pergamenthandschrift des Nibelungenliedes gefunden. Dieser sogenannte Prunner Codex aus der Zeit um 1330 ist als Faksimile ausgestellt.

„Unconquerable" must have been the first idea of medieval travellers, when they caught sight of the castle of Prunn for the first timeThe best kept castle in the Altmühl valley, sitting 70 m above the canal, seems to grow out of the steep cliff. By the way, a parchment manuscript of the Nibelung Song was found here between the years 1565 and 1567. This so-called Prunn Codex dating back to the time around 1330 is exhibited in facsimile.

Ob im Sommer oder Winter, bei Sonne oder im Nebel: Der Anblick von Prunn und der fast unter ihr liegenden Schleuse 6 faszinieren immer.

Whether in summer or winter, in sunshine or fog, the castle and lock 6 almost directly below it always fascinate viewers.

Einen nicht ganz so herrschaftlichen (Zweit-)Wohnsitz – dafür in ungezwungener Umgebung und in der Gesellschaft von Gleichgesinnten – findet man am Campingplatz KASTLHOF ganz in der Nähe von Schleuse 5.

A (second) home, not quite as noble as a castle but on the other hand in casual surroundings and in the company of like-minded people can be found on the camping site of Kastlhof near lock 5.

Nur wenige Kilometer talabwärts: die nächste Burg. Obwohl nur noch der Bergfried von RANDECK vollständig erhalten ist, kann man die Ausmaße der Anlage gut erkennen.

Only few kilometers down the valley: the next castle. Though the donjon of Randeck is the only building that is still intact, the ruins next to it give a good impression of the complete former set.

Unterhalb liegt der Markt ESSING, ein langgestrecktes, idyllisches Dorf, fast eingezwängt zwischen einem Teilstück der ehemaligen Altmühl und den steilen Jurafelsen. Das schönste Motiv ist die alte Holzbrücke mit dem weißen Torturm und der Burgruine Randeck hoch darüber.

Just below this impressive castlekeep the village of Essing is located on a narrow strip of land between a backwater of the previous Altmühl river and the towering Jurassic rocks. Definitely the most beautiful motif is the old wooden bridge together with the white tower with the gateway and the castle of Randeck high above.

Von dort oben wiederum hat man einen guten Blick auf die ungewöhnliche Konstruktion der mit 193 m zweitlängsten Holzspannbrücke Deutschlands, »Tatzlwurm« genannt. Für Nicht-Bayern: Ein Wurm mit Tatzen ist ein Drache.

From up there, in turn, you have a good view of the unusual construction of the second longest wooden suspension bridge in Germany. It is the 193 m long „Tatzlwurm". For non-Bavarians: a worm with paws is a dragon.

Essing zählt zu den ältesten Siedlungsstätten Bayerns, denn in der dreigeschossigen Höhle, auf welche die Brücke zuführt, lebten vor 80.000 Jahren Neandertaler.

Essing ranges among the oldest settlements in Bavaria. 80.000 years ago stone age people lived in a three-storey-cage you can reach after passing this bridge.

TRI-ART – Wasser, Klang & Licht – ist eine Veranstaltung der besonderen Art, die den Ort in einen fast unwirklichen Zustand verwandelt. Dieses Event findet alle 2 Jahre im August statt.

TRI-Art – water, sound and light – is quite a special event changing the whole village into an unreal condition. It takes place every second year in August.

Entlang dieses Teilstücks des Ludwig-Donau-Main-Kanals führen nur Fuß- und Radwege.

There are only paths for bikers and walkers leading along this section of the previous canal.

MAIGLÖCKCHEN im Schatten des Waldes,
RAPSFELDER in leuchtendem Gelb.

Lilies of the valley in the shade of the forest
Rape fields in bright yellow

Und inmitten dieser goldenen Pracht liegt oben auf der Jurahöhe die kleine, einfache Kapelle ST. BARTHOLOMÄ. Im Winter ist sie ein auffallender Farbpunkt im Schnee.

And in the middle of this golden splendour on the Jurassic plateau you can find this small, unpretentious chapel of St. Bartholomä.In winter it is a striking point admist the white landscape.

Früher war die Beweidung der kargen, steilen Hänge durch Schafe eine Selbstverständlichkeit, denn eine andere Nutzung wäre nicht möglich gewesen. In den letzten Jahrzehnten wurde diese Tradition wieder aufgegriffen, und mittlerweile kann man im Informationszentrum Naturpark Altmühltal ein »Schäferstündchen« buchen.

During the past centuries it was a given to use the steep, meagre slopes for turning the sheep out to grass there, as no other utilization was possible. In the last decades this tradition has been taken up again and meanwhile you can book a guided tour with a shepherd at the Informationszentrum Altmühltal.

Die Tiere freuen sich über die würzigen Kräuter, die Wanderer über den Anblick der zarten Küchenschellen im Frühjahr. Eigentlich heißt diese Blume ja Kühchenschelle, also kleine Kuh + Glocke.

The animals enjoy the tasty herbs, the hikers the sight of the tender flowers „Küchenschelle". The original meaning is „Kühchenschelle", which is a combination of small cow + bell.

Ein Pavillon auf halber Höhe des Berges markiert den Eingang zum SCHULERLOCH, einer 420 m langen Tropfsteinhöhle, die eine Million Jahre alt ist und ein Wasserbecken besitzt, das im Laufe von 100.000 Jahren entstanden ist. Im fast 800 m^2 großen Hauptraum versetzen Projektionen auf die Felswand die Besucher zurück in die Steinzeit.

A pavillon halfway up the hill marks the entrance to Schulerloch, a 420 m long stalactite cavern, which is one million years old. Its attraction is a water basin that came into existence in the course of 100,000 years. In the main cave with its almost 800 m^2, projections on the walls make the visitors feel to have stepped back to the stone age.

Am unteren Ende des Tales, wo bis in die 1960er Jahre die Altmühl und jetzt der 1992 eröffnete neue Kanal in die Donau münden, liegt die Kreisstadt KELHEIM. Keinem Geringeren als König Ludwig I. von Bayern hat sie ihren guten Ruf als lohnendes Ausflugs- und Urlaubsziel zu verdanken. Als Erstes verhalf er der Stadt durch den Bau des alten Kanals zu einem wirtschaftlichen Aufschwung. Fast zur gleichen Zeit verfügte König Ludwig I., dass die »bizarr-arkadische Landschaft« zwischen Kelheim und Weltenburg unberührt bleiben sollte. Damit war er übrigens der erste Naturschützer Bayerns! Die Erbauung der Befreiungshalle auf dem Michelsberg war für Kelheim das wohl wichtigste Projekt des Herrschers. Nicht zuletzt erweckte er auch das in der Säkularisation geschlossene Kloster Weltenburg wieder zum Leben. Dieser Dreiklang aus Befreiungshalle in Kelheim + Donaudurchbruch + Kloster Weltenburg ist der Grund, dass selbst Flusskreuzfahrtschiffe auf ihrer 14-tägigen Reise von Amsterdam bis Budapest diese Besichtigungstour anbieten.

At the end of the valley, where until the 1960s the Altmühl river and now the canal into the Danube, there lies the district town of Kelheim. No less a man than King Ludwig I. of Bavaria deserves a big thank-you for making it a worthwhile destination of holidays or excursions. First he caused an economic boom by building the Ludwig-Danube-Main-Canal. Almost at the same time he decided that the „bizarre-arcadian landscape" with the gorge of the Danube between Kelheim and Weltenburg should remain untouched. Thus, by the way, he was the first conservationist of Bavaria! Liberation Hall on top of Michelsberg was certainly the most important project. And last but not least he reopened the monastery of Weltenburg that had been closed during the secularization. This triad of Kelheim with Liberation Hall + gorge of the Danube + monastery of Weltenburg is the reason that even cruiseships offer this tour during their 14-day-voyage through Europe.

DEN TEUTSCHEN
BEFREIUNGSKAEMPFERN
LUDWIG I
KOENIG VON BAYERN
MDCCCLXIII

Die BEFREIUNGSHALLE trägt ihren Namen aufgrund der Befreiungskriege gegen Napoleon. Die Pläne dazu entwarfen Friedrich von Gärtner und Leo von Klenze. Am 50. Jahrestag der Völkerschlacht von Leipzig, also am 18. Oktober 1863, wurde sie von König Ludwig I. von Bayern nach 21 Jahren Bauzeit feierlich eingeweiht.

Liberation Hall got its name in memory of the wars of liberation from Napoleon. The plans were designed by Friedrich von Gärtner and Leo von Klenze. After a construction period of 21 years, King Ludwig I. inaugurated it on October 18th, 1863, the 50th anniversary of the Battle of the Nations near Leipzig.

Keine Angst vor dieser Treppe! Die Stufen sind flach, und außerdem gibt es einen Lift auf der Rückseite des Bauwerks.

You needn't be afraid of these stairs! The steps are low and in addition there is a lift on the rear side of the edifice.

Am linken Rand der Befreiungshalle sieht man noch die kräftigen Gelbtöne, die die »Halle«, wie sie von den Kelheimern genannt wird, vor der Renovierung hatte. Im Hintergrund erkennt man oben rechts den Steinbruch, aus dem die Kalksteinblöcke stammen (der runde Baukörper ist jedoch aus Ziegelsteinen errichtet).

The left side of Liberation Hall still shows the bright yellow shades from before the renovation of the „Halle", as this monument is called by the inhabitants of Kelheim. Top right in the photo you can see the quarry the limestone blocks came from (the round structure, however, is made of bricks).

34 Siegesgöttinnen bilden einen Kreis. Zwischen ihnen nennen Bronzeschilder die Namen der wichtigsten Schlachten.

34 goddesses of victory form a circle. The bronze shields between tell the names of the most important battles.

Zur Zeit der Errichtung der Befreiungshalle war das Dorf auf der gegenüberliegenden Seite des Tals bekannt wegen der Steinbrüche der Familie Ihrler, wo Blöcke nicht nur für den Sockel, die Treppen und die schmückenden Elemente an der Außenseite der Befreiungshalle abgebaut wurden, sondern auch für repräsentative Bauten in München und Wien.
Heute denken viele Kelheimer, wenn sie den Dorfnamen Ihrlerstein hören, außerdem an die Obstplantagen, wo man »auf Augenhöhe« mit der Befreiungshalle steht.

At the time of the edification of Liberation Hall, the village on the opposite side of the valley was well known for the quarries belonging to a family called Ihrler. Lots of limestone blocks came from here, not only for the foundation, the stairs and all the decorative elements on the outside of Liberation Hall but also for representative buildings in Munich and Vienna.
When people of the region now hear the name of the village of Ihrlerstein, they mainly think of the orchards, where you are at eye level with Liberation Hall.

Am alten Hafen steht immer noch der ursprüngliche Kran sowie ein Schleusenwärterhaus. Von hier führt die Schleuse 1 direkt in die Donau.

The original crane and the lock-keeper's house still exist at the old harbour. Lock 1 leads from here straight to the Danube.

Der Ludwig-Donau-Main-Kanal (der dunkle Wasserlauf im Vordergrund) verlief fast im rechten Winkel vom Altmühltal zur Donau, während der jetzige Kanal in langgezogenem Bogen um die Altstadt zur Donau führt.

The Ludwig-Danube-Main-Canal (the dark water course in the foreground) ran at a right angle from the Altmühl valley to the Danube, whereas the present-day canal forms a long bend around the old part of the town.

Die »alten Römer« setzten Meilensteine entlang ihrer Landstraßen, auf denen die Entfernung nach Rom angegeben war. König Ludwig I. gefiel die Idee: Dieser Meilenstein an der Kanalmündung in die Donau zeigt die Entfernung nach Bamberg, zum anderen Ende seines Kanals.

The „old Romans" put up milestones along their roads telling the distance to Rome. King Ludwig I. liked the idea: This milestone at the mouth of the canal to the Danube shows the distance to the town of Bamberg at the other end of the canal.

Die fast quadratische Anlage und auch die Ausmaße der Altstadt erkennt man, wenn man von der Stadtmitte aus in alle Richtungen blickt. Die drei der ursprünglich vier Tore (das vierte hatte jedoch keinen Turm) besitzen erst seit dem Ende des 18. Jahrhunderts baugleiche Pyramidendächer. Zur Zeit ihrer Entstehung im 13./14. Jahrhundert unterschieden sie sich sowohl in den Dachformen als auch in der Höhe und den damals vorhandenen Vorbauten.

You recognize the almost square groundplan as well as the dimensions of the town centre, when you stand at the main crossing looking around. The three of the originally four town gates (the fourth, however, didn't have a tower) got their pyramidal roofs as late as in the 18th century. When they were built in the 13./14th century they varied in the shape of the roofs, the height and the no longer existing front buildings.

Donautor

Außenansichten / Exterior views

Innenansichten / Interior views

Mittertor

Altmühltor

Weitere Türme schmücken das Stadtbild, z.B. der runde, massive Schleiferturm und ihm gegenüber der Bürgerturm an der Südwestecke der Stadt. Früher waren in Ersterem Pulver und Kanonen untergebracht, heute das Kriegerdenkmal für die Gefallenen der beiden Weltkriege.

Further towers are also characteristic for the townscape, e.g. the round, massive Schleiferturm and the Bürgerturm on the opposite side of the street, both at the southwestern corner of the town. The former used to house cannons and ammunition, now the war memorial to the KIA of WW I and II.

Ganz in der Nähe des Donautors erinnert ein Brunnen mit einer Gedenktafel an Matthias Kraus. Im Spanischen Erbfolgekrieg verteidigte der Metzgermeister und Hauptmann die Stadt erfolgreich gegen die Österreicher, wurde von ihnen aber 1706 im Alter von 35 Jahren hingerichtet. Die Kelheimer widmeten ihm außerdem ein großes Gemälde am Mittertor, siehe Seite 69.

Near Donautor a fountain with a plaque reminds of Matthias Kraus. In the War of Spanish Succession the butcher and captain successfully defended his town against the Austrians. But in 1706 they executed him at the age of 35 years. The council of Kelheim also honoured him with a big fresco on the western Mittertor, see page 69.

2019

2019

Nach den Schreckensjahren der Pest waren es die Münchner Schäffler (Schaff- und Fassmacher), die mit ihren Tänzen die Menschen wieder aus den Häusern lockten. Auch in Kelheim gibt es seit 1911 in 7-jährigem Turnus die Tradition des Schäfflertanzes. Die erste Aufführung findet stets im Hof vor dem Weissen Bräuhaus, der ältesten bayerischen Weissbierbrauerei statt. Schließlich gehörte sie seit jeher zu den besten Kunden der Kelheimer Schäffler!

After the horrors of the plague periods it was the Munich Schäffler (trough and barrel makers) that made the population of Munich venture out of their houses again. The tradition of the Schäffler dance every 7th year has existed in Kelheim since 1911. The first performance always takes place in the courtyard of Weisses Brauhaus, the oldest wheatbeer brewery of Bavaria. After all, the brewery had always been the best customer of the barrelmakers.

Weisses Brauhaus

Auf der Rückseite des Gebäudes wacht der erste Wittelsbacher auf dem Thron der bayerischen Herrscher, Otto I., über diesen wunderschönen Biergarten. Noch kann er die Stille des Morgens genießen, aber bald kommen die ersten Gäste »auf an Frühschoppen«.

At the rear of the building Otto I. of Wittelsbach, at the same time the first Wittelsbach ruler on the throne of Bavaria, watches over this beautiful beer garden. He can still enjoy the calmness of the morning, but soon the first guests will come for a morning pint.

Zum Stadtbild Kelheims zählen natürlich auch die Kirchen. Eine von ihnen, die ehemalige, gotische Franziskanerkirche, beherbergt nun ein Orgelmuseum und lädt im Sommer zu regelmäßigen Orgelkoncertinos ein. Dicht daneben steht das älteste Gotteshaus der Stadt, die kleine romanische Michelskirche mit dem auffallend hohen, schlanken, weißen Turm. Auch ein moderner Gulbransson-Bau – diese evangelische Kirche St. Markus entstand 1961 – reiht sich in die Zahl der Kirchen ein.

Of course the townscape of Kelheim also includes several churches. One of them, the former Gothic Franciscan church now harbours an organ museum and invites visitors to regular organ concertinos in summer. Directly next to it there is the oldest house of prayer, the small Romanesque Michelskirche with its conspicuously tall, slim, white tower. Also a modern Gulbransson building – the Lutheran-Protestant church St. Markus was erected in 1961 – takes its place in the number of churches.

Die Ottokapelle ist nicht nach einem Heiligen, sondern nach ihrem Erbauer Otto II. benannt und erinnert an die Ermordung von Ludwig dem Kelheimer, der nicht nur Bayerns Herrscher, sondern auch der Stellvertreter des deutschen Kaisers war. Die katholische Stadtpfarrkirche Mariae Himmelfahrt entstand in der Spätgotik, ihr Turm allerdings erst im gleichen Jahr wie die Befreiungshalle.

Ottokapelle (Otto's chapel) is not named after a saint but after its sponsor Otto II. and reminds of the murder of Ludwig the Kelheimer, who was not only the ruler of Bavaria but also the representative of the German Emperor. The Roman Catholic church St. Mary's Assumption is the biggest and dates from the Late Gothic period. Its steeple, however, was built much later, at the same time as Liberation Hall.

Die Mariensäule auf dem Stadtplatz
St. Mary's column at the main square

König Ludwig I. von Bayern
King Ludwig I. of Bavaria

»Kelheims Weiße Flotte« wartet darauf, Passagiere vor allem durch den bekannten Donaudurchbruch, die »Weltenburger Enge«, zum Kloster zu fahren. Gleich am Anfang hat man vom Schiff aus einen guten Blick auf das ehemalige Wittelsbacher Schloss, das gelbe Gebäude mit dem hohen roten Dach.

„Kelheim's White Fleet" waits to take passengers mainly through the famous gorge of the Danube, also called „Weltenburger Enge" (narrow passage of Weltenburg), to the Monastery. At the beginning of the boat trip you have a good view of the previous Wittelsbach castle, the yellow building with the tall red roof.

KELHEIM

LUDWIG der KELHEIMER

MAXIMILIAN II

ALTMÜHLPERLE

Renate

Zwei bis drei Kilometer stromaufwärts liegt das KLÖSTERL, eine ehemalige Franziskanerklause aus dem 15. Jahrhundert. Sie birgt eine Felsenkirche, die aus einer natürlichen Höhle mit nur einer einzigen Wand zum Fluss hin besteht.

Two to three kilometers upstream, the Klösterl, meaning small monastery, is located. In the 15th century it was founded as a Franciscan hermitage. A special feature of the place is a rock church consisting of a natural cave with only one wall towards the Danube.

Am gegenüberliegenden Ufer ragt auf einem steilen Felsen das WIESERKREUZ empor.

On the opposite bank Wieserkreuz towers on a steep rock.

KELHEIM

Der Donauabschnitt von Kelheim nach Weltenburg ist nicht nur ein normales Naturschutzgebiet, sondern bekam 1978 vom Europarat sogar das Europadiplom verliehen. Mit etwas Glück sieht man hier Eisvögel, Feuersalamander, Schwalbenschwänze und andere »Raritäten«.

The stretch of the Danube between Kelheim and Weltenburg is not only an ordinary nature protection area, but was granted the Europe Diploma by the Council of Europe in 1978. If you are lucky, you may see kingfishers, fire salamanders, swallowtails and other „rarities".

Vor 150.000 Jahren verließ die Donau ihr weiter nördlich verlaufendes ursprüngliches Tal und grub sich hier im Bett ihres Nebenflusses Schutter immer tiefer in den Grund. Der Donaudurchbruch ist die engste und tiefste Stelle der schiffbaren Donau in Bayern, denn hier verengen die Felsen an beiden Seiten das Flussbett auf eine Breite von nur 80 m.

150,000 years ago the Danube left its bed that had been further in the north to use this valley of its tributory river Schutter and dug itself deeper and deeper in the ground. The gorge is the narrowest and deepest point of the navigable Danube on its course through Bavaria. The rocks on both sides constrict the riverbed to a width of only 80 m.

Gleich nach Verlassen der Weltenburger Enge fährt man auf das KLOSTER zu. Kommt man aber nicht per Schiff, sondern als Wanderer von der Befreiungshalle her, bietet sich ein noch schönerer Blick auf die von einer scharfen Flussbiegung umgebene Klosteranlage mit der markanten barocken Kuppel.

Right after passing the gorge, the monastery of Weltenburg lies ahead.
Hikers coming on the plateau from Liberation Hall have an even more stunning view: the monastery with its conspicuous cupola is encircled in a sharp bend of the river.

Ursprünglich bedeutet Barock unregelmäßige Perle. Auf die jetzige Kirche des ältesten Benediktinerklosters in Bayern trifft diese Bezeichnung wirklich zu. Denn mit dem unregelmäßigen Grundriss des Kirchenschiffs, der indirekten natürlichen Beleuchtung und dem Bühnenaltar mit dem Drachentöter St. Georg ist sie ein Juwel dieser Epoche.

Entworfen und geschaffen wurde sie ab 1716 von den Brüdern Asam. 1735 waren Altarraum und Kirchenschiff fertiggestellt, die Eingangshalle aber erst 1751.

Baroque originally means irregular pearl. Both words apply to the present-day church of the oldest Benedictine monastery in Bavaria. With its irregular groundplan of the nave, the indirect natural light and the stage alter with the dragon-slayer St. George it is a jewel of this epoque.

This church was designed and created by the Asam brothers. Sanctuary and nave were finished in 1735, the entrance hall not until 1751.

Die beiden Brüder haben sich im obersten Teil des Kirchenschiffs gegenseitig verewigt: Die Skulptur zeigt den Architekten/Maler Cosmas Damian Asam, das jugendliche Gesicht im Deckenfresko den Bildhauer Egid Quirin Asam.

The two brothers immortalized each other in the upper part of the nave: The sculpture shows the architect/ painter Cosmas Damian Asam, the youthful face in the fresco the sculptor Egin Quirin Asam.

Das Wort Barock wird oft in Verbindung mit Lebensfreude verwendet. Diese Kombination findet man ebenfalls in Weltenburg, wenn sich die Besucher im Biergarten gleich vor der Kirche das süffige Weltenburger Barock Dunkel aus der ältesten Klosterbrauerei der Welt schmecken lassen.

The word Baroque is often used in connection with zest for life. This combination can also be found in Weltenburg, when visitors sit in the beergarden in front of the church enjoying the tasty Weltenburg Barock Dunkel from the oldest monastic brewery of the world.

BIERGARTEN

BIERGARTEN

Nur wenige Kilometer südlich von Weltenburg wartet ABENSBERG seit 2010 mit einem ganz auffallenden Bauwerk auf: Der Kuchlbauer-Turm ist ein Architekturprojekt des weltbekannten Künstlers Friedensreich Hundertwasser, geplant, geändert und bearbeitet vom Architekt Peter Pelikan. Außer diesem Turm und dem Kunsthaus im gleichen Stil trifft man in der Stadt aber auch noch auf viele reizvolle Ecken aus vergangenen Jahrhunderten.

Now we are only few kilometers south of Weltenburg: Since 2010 the town of Abensberg has come up with a striking edifice: The Kuchlbauer-Turm (tower) is an architectural project of the world-famous artist Friedensreich Hundertwasser, planned, changed and finished by the architekt Peter Pelikan. Besides the Kuchlbauer-Turm and the Kunsthaus (House of Art) next to it and in the same style, many a charming nook of old days surprise the visitors.

Bayern ist stolz auf sein Reinheitsgebot von 1517, das besagt, dass Bier nur aus Hopfen, Malz und Wasser bestehen darf, und auch darauf, dass es das größte zusammenhängende Hopfenanbaugebiet der Welt besitzt. Bekannt und beliebt ist die HALLERTAU auch bei Radlern und Wanderern.

Bavaria is proud of its beer purity law of the year 1517, which says that beer may only consist of water, hops, and malt, and also of the fact that it has the biggest connected hops growing area of the world. This region called Hallertau is also popular with bikers and hikers.

Folgt man von Kelheim aus der Donau stromabwärts, erreicht man bald BAD ABBACH. Wegen seiner Schwefel-Thermalquellen zählt dieser Kurort zu den »gesunden Fünf«. Ein weiterer – Bad Gögging – liegt ebenfalls im Landkreis Kelheim. Der Heinrichsturm auf dem höchsten Punkt über Bad Abbach gehörte zu einer Burg, in der vor über tausend Jahren der deutsche Kaiser Heinrich II. geboren wurde.

Following the Danube from Kelheim downstream, you soon get to Bad Abbach. Owing to its sulphur thermal springs this spa is one of „the healthy five". Another one, Bad Gögging, also lies within the district of Kelheim.
The round tower on top of the hill above Bad Abbach once belonged to a castle in which more than one thousand years ago the German emperor Heinrich II. was born.

Sonnenaufgang bei OBERNDORF

Sunrise near Oberndorf

REGENSBURG liegt am nördlichsten Punkt der Donau, ist aber benannt nach dem Nebenfluss Regen, der hier mündet. Castra Regina nannten die Römer ihr 179 n. Chr. fertiggestelltes Kastell.

Die Steinerne Brücke gilt als Meisterwerk des romanischen Brückenbaus. Sie entstand im 12. Jahrhundert innerhalb von nur elf Jahren. Sehr viel länger, nämlich von 1275 bis 1872, dauerte der Bau des Doms St. Peter, der seine filigranen Helme erst unter König Ludwig I. von Bayern erhielt.

Die etwa 20 Patriziertürme zeugen vom Reichtum der Händlerfamilien im 12. und 13. Jahrhundert und trugen Regensburg den Beinamen »nördlichste Stadt Italiens« ein.

Im Bombenterror des 2. Weltkriegs blieben das Zentrum und Stadtamhof am jenseitigen Ende der Steinernen Brücke verschont. Seit 2006 darf nun das ganze Ensemble als am besten erhaltene mittelalterliche Stadt mit der größten Anzahl romanischer und gotischer Architekturmonumente den Titel UNESCO Welterbe tragen. Im Juni 2019 öffnete das Museum der Bayerischen Geschichte seine Pforten und informiert die Besucher über die letzten 200 Jahre.

Regensburg is located at the most northern point of the Danube, but is named after its tributory river Regen that flows here into the Danube. Castra Regina was the name the Romans gave to their fortess when finished in 179 AD.

The Stone Brigde is regarded as a masterpiece of Romanesque bridge construction. It came into existance in the 12th century within only eleven years. But it took centuries, to be specific from 1275 to 1872, to build the Gothic cathedral St. Peter, whose filigree spires were fitted as late as under King Ludwig I. of Bavaria.

About twenty patrician towers are evidence of the traders' wealth in the 12th and 13th century. They are the reason that Regensburg is often called „the most northern town of Italy".

The city centre and Stadtamhof beyond the old stone bridge were spared in the air raids of WW II. As the best preserved medieval city with the largest number of Romanesque and Gothic architectural monuments the whole ensemble was therefore included in the UNECO World Heritage List in 2006. The Museum of Bavarian History opened its doors in June 2019 to inform visitors of the latest two centuries.

Die Bilderbuchreise klingt nach ca. 80 bereisten Flusskilometern aus mit einem Besuch der WALHALLA, dem bedeutendsten klassizistischen Bau in Süddeutschland. Wer wissen möchte, wie einst das Parthenon auf der Akropolis in Athen aussah, kann nach Donaustauf fahren, wo König Ludwig I. von Bayern von Leo von Klenze eine Kopie davon errichten ließ. Die Walhalla ist »großen Deutschen« gewidmet, die in Form von Büsten oder Namenstafeln geehrt werden.

The picturebook trip is coming to an end after about 80 kilometers of river traveled with a visit to WALHALLA, the most important Neoclassical building in southern Germany. Who wants to know what Parthenon on the Akropolis in Athens once looked like, can go to Donaustauf, where King Ludwig I. of Bavaria had a replica erected by his architect Leo von Klenze. Walhalla is dedicated to „great Germans", honoured by marble busts or plaques with their names.

Nach zwölfjähriger Bauzeit wurde sie am 18. Oktober 1842, dem Jahrestag der Völkerschlacht von Leipzig, feierlich von König Ludwig I. eröffnet. Und am darauf folgenden Tag legte er den Grundstein der Befreiungshalle.

Der Kreis schließt sich...

After a construction period of twelve years it was inaugurated by the king on October 18th, 1863, the anniversary of the Battle of the Nations near Leipzig. And the following day he travelled to Kelheim to lay the foundation stone of Liberation Hall.

The circle is closing...

Fluggelände

D-KKEH
70-200mm
ULTRASONIC
ATC
Trimm-Motor
Trimm-Anzeige
Öldruck
Öltemp
Anlass-Taste
+12V
Starter

Widmung

Für meine Iris

Danksagung

Ein herzliches vergelt´s Gott an alle, die mich bei der Entstehung dieses Bildbandes unterstützt haben. Mein besonderer Dank gilt Anneliese Lindner, die viele Stunden für mich die Texte ausgearbeitet und übersetzt hat, Verena Lindner für die grafische Gestaltung der Flusskarte, den Piloten vom Flugsportverein Kelheim, die mich so geduldig umhergeflogen haben, um die Luftbildaufnahmen zu verwirklichen. Für zusätzliche Öffnungen ihrer Tore und Fotogenehmigungen, um ungestört zu fotografieren, danke ich Abt Thomas M. Freihart von der Benediktiner-Abtei Weltenburg, Frau Veronika Gruber von der Tropfsteinhöhle Schulerloch, Familie Riemann von der Einsiedelei Klösterl, Martin Geißendörfer von Vogelwild, Sabine Scholz-Veits vom Kristallmuseum, Stefan Butz von der Brauerei Schneider, der Schäfflergruppe vom ATSV Kelheim sowie der Bayerischen Schlösserverwaltung. Schließlich gebührt mein Dank auch dem Verlag Schnell und Steiner, insbesondere dem Verleger Dr. Albrecht Weiland, sowie dem Grafiker Falk Flach für die gute und unkomplizierte Zusammenarbeit.

Impressum

Bibliografische Information der Deutschen Nationalbibliothek: Die Deutsche Nationalbibliothek verzeichnet diese Publikation in der Deutschen Nationalbibliografie; detaillierte bibliografische Daten sind im Internet über http://dnb.dnb.de abrufbar.

1. Auflage 2019

Fotos: Rainer Schneck
www.fotografie-schneck.de
auch auf Facebook und YouTube

Texte und Übersetzung: Anneliese Lindner

Umschlaggestaltung, Satz und Layout: typegerecht, Berlin

Druck: Gutenberg Beuys Feindruckerei GmbH, Langenhagen

ISBN 978-3-7954-3498-4

Weitere Informationen zum Verlagsprogramm erhalten Sie unter:

www.schnell-und-steiner.de

Kontaktadressen

Abtei St. Georg in Weltenburg, www.kloster-weltenburg.de
Befreiungshalle Kelheim, Burg Prunn, Rosenburg Riedenburg, Walhalla Donaustauf, www.schloesser.bayern.de
Brauerei Kuchlbauer, www.kuchlbauers-bierwelt.de
Brauerei Schneider, www.schneider-weisse.de
Einsiedelei Klösterl, www.einsiedelei-kloesterl.info
Ein Tag als Falkner, www.vogelwild.net
Fasslwirtschaft, www.fasslwirtschaft.de
Flugsportverein Kelheim, www.fsv-kelheim.de
Hopfenmuseum Wolnzach, www.hopfenmuseum.de
Kloster Weltenburg, www.klosterschenke-weltenburg.de
Kristallmuseum, www.kristallmuseum-riedenburg.de
Kastlhof-Camping, www.kastlhof.de
Kurort Bad Abbach, www.bad-abbach.de
Kurort Bad Gögging, www.bad-goegging.de
Markt Essing, www.marktessing.de
Naturpark Altmühltal, www.naturpark-altmuehltal.de
Orgelmuseum in Kelheim, www.orgelmuseum-kelheim.de
Obsthof Geiger, www.obsthof-geiger.de
Personenschiffahrt im Altmühltal und Donaudurchbruch, www.schiffahrt-kelheim.de
Schloss Eggersberg, www.schloss-eggersberg.de
Stadt Abensberg, www.abensberg.de
Stadt Kelheim, www.kelheim.de
Stadt Regensburg, www.regensburg.de
Stadt Riedenburg, www.riedenburg.de
Sommerrodelbahn Riedenburg, www.altmuehlbob.com
Tourismusverband im Landkreis Kelheim, www.tourismus-landkreis-kelheim.de
Tropfsteinhöhle Schulerloch, www.schulerloch.de